PUBLICATIONS DE LA SOCIÉTÉ DES ÉTUDES LOCALES. N° 2.

ULYSSE ROUCHON

Conservateur du Musée Crozatier
Secrétaire général de la Société académique du Puy et de la Haute-Loire
Correspondant du Ministère de l'Instruction publique
et des Beaux-Arts

LE VELAY GALLO-ROMAIN

ET SA CAPITALE

ROUESSIO

APERÇU SOMMAIRE ILLUSTRÉ

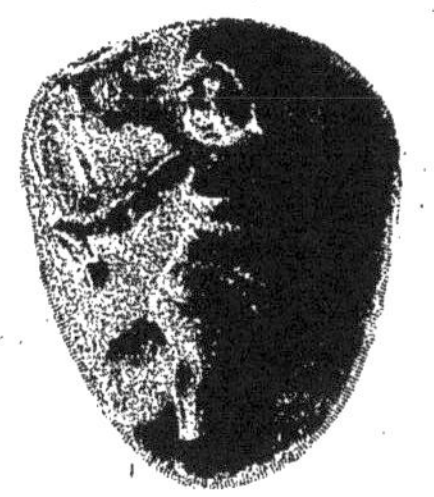

LE PUY-EN-VELAY

IMPRIMERIE MARCHESSOU
PEYRILLER, ROUCHON ET GAMON, SUCCESSEURS
23, BOULEVARD CARNOT, 23

1922

LE VELAY GALLO-ROMAIN

ET SA CAPITALE

ROUESSIO

ULYSSE ROUCHON

Conservateur du Musée Crozatier
Secrétaire général de la Société académique du Puy et de la Haute-Loire
Correspondant du Ministère de l'Instruction Publique
et des Beaux-Arts

LE VELAY GALLO-ROMAIN

ET SA CAPITALE

ROUESSIO

APERÇU SOMMAIRE ILLUSTRÉ

LE PUY-EN-VELAY

IMPRIMERIE MARCHESSOU

PEYRILLER, ROUCHON ET GAMON, SUCCESSEURS

23, BOULEVARD CARNOT, 23

1922

LE VELAY GALLO-ROMAIN

ET SA CAPITALE

ROUESSIO

La victoire remportée à Alesia par César à la fin de l'année 52 av. J.-C. et la soumission de Vercingétorix marquèrent pour le Velay comme pour le reste de la Gaule le début d'une ère nouvelle.

Jusqu'à cette époque, nos aïeux semblent avoir vécu d'une manière rudimentaire non dépourvue toutefois d'intelligentes initiatives.

Le pays était couvert de sombres forêts, mais il était déjà ouvert aux indigènes et aux voyageurs par des chemins dont l'historien du *de Bello Gallico* constatera l'état suffisant. Il était peuplé de cultivateurs conquérant de quoi subvenir à leurs besoins soit dans les labours disputés à l'aridité des plateaux balayés par les vents froids de la montagne, soit dans les hautes vallées de la Loire ou sur les pentes des ravins de leurs affluents, plus abritées et où ils établissaient de préférence leur résidence, ainsi qu'en témoignent les nombreuses grottes creusées dans le rocher, de même que les vestiges d'occupation mis à jour à la Roche sur Dolaizon, à la Terrasse, à Peynastre, à Couteaux, à la Roche-Aubert, à Cormail près Espaly, au Cheylounet et aux Muses près Saint-Vidal, à Borne, etc., etc.

Il en était à peu près ainsi depuis la période la plus ancienne des âges préhistoriques. L'arrivée des Ligures (xe av. J.-C. ?), si tant est qu'il faille prononcer ce nom, puis des Celtes ou

Gaulois, au vi[e] siècle, ne paraît pas avoir modifié beaucoup cette situation.

Confinés dans leurs retraites, isolés, les premiers Vellaves étaient naturellement préoccupés surtout de la lutte âpre contre les éléments pour leur subsistance et la vie publique devait peu les intéresser. Ils y vinrent lentement guidés par un sentiment de défense nécessaire contre les tribus voisines et ces réunions facilitèrent les premiers actes d'industrie et de commerce, stabilisèrent la paix entre familles et groupes rivaux, puis firent naître la première entente politique connue qui fit entrer le pays dans la Confédération des Arvernes (1).

Mais tout cela était resté apparemment assez vague et circonscrit. Il fallait une crise nationale telle que l'invasion romaine pour rompre l'indifférence et provoquer une collaboration résolue aux luttes pour l'indépendance du sol natal.

A l'appel du chef de la Confédération, les Vellaves répondirent d'abord victorieusement aux tentatives des Helviens en septembre 52 ; puis, avec les Cadurques et les Gabales, ils coururent s'enfermer à Alesia pour y repousser les légions romaines. Ils allaient subir la loi du vainqueur, mais ils devaient en bénéficier puisque dans les plis des enseignes de César il y avait les bienfaits de la civilisation méditerranéenne et les promesses d'un rapide progrès, d'un meilleur avenir.

En devenant pays tributaire, condamné à l'impôt spécial appelé *stipendium* (2), le Velay se trouvait rangé dans la catégorie la moins favorisée des provinces soumises ; il appartenait aux huit *civitates stipendiariae* (3) de l'Aquitaine gauloise, gouvernées par un légat, mais il jouissait du régime municipal.

Les prérogatives de l'Empire sur les peuples sujets étaient d'ordre général. L'administration centrale était chargée du

---

(1) Avec Chabouillet, nous doutons qu'il faille attribuer aux Vellaves la main en bronze, symbole d'alliance, appartenant à une peuplade gauloise nommée en grec *Ouellaunioi* trouvée à Marseille (*Revue archéologique*, septembre 1869).

(2) Le *stipendium* était un tribut de guerre annuellement perçu par le vainqueur sur le vaincu.

(3) Ces huit provinces avaient pour chef-lieux Limoges, Périgueux, Agen, Cahors, Rodez, Javols, Poitiers et Rouessio. Les *civitates liberiae* de l'Aquitaine avaient pour capitales Bourges, Bordeaux, Clermont et Saintes.

contrôle de la langue officielle — le latin —, du calendrier, qui fut celui de Rome adapté aux traditions locales, des poids et mesures, des monnaies, de la sureté générale, des taxes, des routes et communications.

Le gouverneur de l'Aquitaine résidait à Bordeaux. Au point de vue religieux, le Velay dépendait de Lyon.

Le régime municipal fut calqué sur celui de l'Italie. Les municipes italiens comportaient l'idée d'une ville, centre d'un territoire qui gravitait autour de cette ville ; il en fut de même en Gaule, par conséquent en Velay.

Les Vellaves gaulois avaient choisi pour chef-lieu de leur agglomération Ruessium ou Rouessio (1) maintenant Saint-Paulien ; Rouessio resta la capitale du Velay gallo-romain et c'est dans cette localité que s'installèrent les hiérarchies nouvelles : les *décurions* (2), les *duumvirs* (3), les *édiles* (4) et les *questeurs* (5), du côté civil ; le *sacerdos*, successeur de l'ancien archiprêtre druide, chef des anciens et nouveaux cultes (6). Si nous ajoutons à ces organes de la *civitas* (7) les bureaux particuliers aux exploitations municipales : pâturages, forêts, carrières, telles les *ferrariae* ou mines de fer mentionnées dans

(1) Nous orthographions *Rouessio* et non *Ruessio*, parce que, en latin, l'*u* se prononce *ou*. Ptolémée écrit : Ρουεσσιον; la Table de Peutinger : *Revessione*, et la Cosmographie de Ravenne : *Ribision*.

(2) Les décurions, que l'on peut comparer à nos conseillers généraux, étaient choisis directement parmi les représentants des principales familles de la circonscription.

Les décurions assistaient les magistrats dans l'administration de la *civitas*. Cette charge était héréditaire et obligatoire.

(3) Les duumvirs, magistrats élus pour un an, étaient les administrateurs de la *civitas*. Ils s'occupaient de la justice et des questions civiles. Ils sont les précurseurs de nos préfets.

(4) Les édiles, agissant sous la direction et le contrôle des duumvirs, avaient dans leurs attributions la police générale, l'entretien et la garde des routes et des monuments publics.

(5) Les questeurs étaient les trésoriers de l'administration.

(6) La mention *gutuater*, rencontrée dans les inscriptions locales, désigne un desservant de temple, non le directeur des cultes.

(7) Le mot *civitas* ne signifie pas cité dans le sens de ville, mais la circonscription territoriale composant la province. La *Vellavorum civitas* est le Velay. Par altération, on a plus tard désigné la capitale sous le nom de la province.

notre épigraphie, nous aurons un tableau sommaire des cadres de la vie officielle du Velay.

Rouessio bénéficia de la présence de ces fonctionnaires et du personnel subalterne, ainsi que du mouvement créé par les relations des métropoles civile et religieuse avec le chef-lieu de la *civitas*, et de la banlieue avec la ville.

Ce mouvement fut facilité par le fait que la *via Bolena* (1) traversait la capitale vellave.

Fragment de la route de Lyon à Bordeaux par Rodez, Cahors et Agen, la *Bolena* fut restaurée et soigneusement entretenue. Ces réparations sont rappelées par les indications gravées sur les huit bornes milliaires parvenues jusqu'à nous et repérées à Montdouilloux, à Saint-Jean-d'Aubrigoux, à Bourbouilloux, à Borne, à Fontanes, au Thiolent, à Sanssac, à Saint-Jean-de-Nay. Ces pierres mentionnent les empereurs Sévère, Alexandre, Maximin, Philippe et Posthume.

Outre la *via Bolena*, il y avait encore des *viae vicinales* (chemins vicinaux) de moindre importance reliant Rouessio soit à la vallée de la Loire, soit au Chaliergue, à la Ribeyre ou à la Limagne, et permettant aux ruraux comme aux étrangers de vaquer facilement à leurs affaires.

Rouessio bordait de ses maisons la *Bolena*, mais, dans le périmètre que marquent les substructions découvertes jusqu'à présent, la ville appuyait d'autres quartiers au nord contre la montagne, au midi aux environs de l'église actuelle et de l'est à l'ouest entre le communal du Chaumel et le lieu dit le Marchadial où se rencontraient les édifices publics et aussi le forum ou place publique et le champ de foire.

Evidemment, la capitale des Vellaves ne fut jamais une cité magnifique du genre d'Arles, Vienne ou Autun. Elle n'eut qu'une importance relative. Mais, assure M. Camille Jullian, « pour être moins serrés que dans les grandes villes, les habitants de telles bourgades y prenaient quand même un avant-goût de la vie municipale : les maisons s'alignaient en rues, on avait son aqueduc, ses thermes et ses temples aussi bien

---

(1) *Bolena* signifie : chemin à *bouves* (terme que l'on trouve dans le patois actuel), c'est à dire à bornes, allusion aux bornes milliaires dont il était jalonné.

que dans une capitale, les boutiques étaient nombreuses et
variées, et les cimetières pleins d'images... La population se
suffisait à elle-même, vivant de ses denrées et du travail de son
pays, ne réservant pas ses emplettes à la métropole voisine ».

C'est ainsi que des maisons bâties à la chaux, sable ou pouz-
zolane, en pierre des environs, avec bordures en grès de Blavozy, remplacèrent les chaumières gauloises. Quelques-unes,
— semblables apparemment à celle dont les fondations ont
été exhumées à la Dreit près Espaly et qui fut l'habitation de
quelque Vellavo-romain effrayé par le climat rude de Rouessio
et lui préférant les chaudes ensoleillées du « creux » de la
Borne, — se signalèrent par leur élégance.

La carrière de Blavozy fut activement exploitée à l'époque
gallo-romaine. Elle fournit les matériaux nécessaires à la construction des aqueducs, des fontaines, des calorifères, des por-
tiques, des temples et des tombeaux, et c'est grâce à la résis-
tance et à la solidité de cette pierre que nous avons aujourd'hui
quelques souvenirs précieux d'un passé dont ils attestent l'importance.

Quels yeux jouirent de cet ensemble au temps où Rouessio
était le siège des autorités du pays vellave et le rendez-vous
des populations des *vici* (agglomérations de quelques maisons,
hameaux) environnants de la vallée de la Borne, de la Val
Emblavès, ou des résidences essaimées dans la campagne et le
long des chemins aboutissant à la *via Bolena* ?

Les inscriptions des stèles et cippes ou pierres tombales
donnent des noms, mais les précisions sont rares. A peine con-
naissons-nous *Donnius, Prisci filius*, assesseur du juge pro-
vincial de la caisse des mines de fer de l'Aquitaine ; *Nonnius*,
père de deux fils dont l'un a été flamine augustal et deux fois
duumvir, également employé dans l'administration des mines
et préfet d'une colonie ; *Julia Nociturna*, femme d'une très
rare vertu...

En dehors de ces désignations échappées à l'action du temps,
nous en sommes réduits à songer à la foule anonyme de bûche-
rons répandus dans les bois, sur les plateaux, vers Allègre,
Bellevue, Fix, Loudes, Cayres ; de laboureurs à la tunique
grossière serrée à la taille par une ceinture, surmontant

des « braies » étroites, tels que celui qui, sur la pierre de
Ceyssac, l'aiguillon à la main, pousse péniblement l'araire
primitive dans le champ à moitié retourné; de marchands,
tels ces drapiers dont les reliefs du Puy nous représentent
l'attitude professionnelle derrière le comptoir de la boutique;
de chasseurs luttant contre les fauves qui hantent les fourrés;
de carriers, rivés au banc d'arkose de Blavozy d'où viennent
les blocs auxquels les maçons donneront une place et les
artistes une forme.

Car les lettres, les sciences, les arts ne furent pas ignorés en
Velay, grâce aux éléments italiens qui vinrent sans doute se
mélanger aux populations indigènes. Non seulement on y par-
lait latin — un latin déformé d'où est issue notre langue popu-
laire — mais les stèles de Rouessio et de Ceyssac portent gra-
vés des vers, et un musicien, Talonius, avait érigé un autel à
Adidon, divinité locale, et à Auguste. Sextus, dont la trousse
fut découverte en 1864 à Font Vieille près Saint-Privat-d'Allier,
savait la médecine et il pouvait soigner les yeux, de même
que donner des remèdes contre les morsures des serpents. Et
n'est-on pas fondé à croire que c'est pour répondre aux con-
seils et à la thérapeutique des médecins de Rouessio que
furent aménagées entre autres les eaux minérales de Margeaix
dont le bassin d'émergence fut orné de tritons et d'Amours
pêcheurs si remarquablement sculptés ?

Les arts plastiques, décoratifs et industriels, fleurirent d'ail-
leurs avec un certain bonheur et furent en faveur dans la capitale des Vellaves. Nous en avons des preuves diverses : dans des
marbres comme *Eros endormi*; — dans les nombreux vases,
amphores, aux formes élancées, dans les débris de coupes
élégantes et fines, vernissées et parfois décorées, importées
d'abord d'Italie, plus vraisemblablement dues ensuite aux ate-
liers réputés d'Auvergne ou de Gévaudan et sans doute, pour
les pièces ordinaires, fabriquées aux lieux où il s'en produit
encore : à Brives, à Alleyras; — dans les mosaïques, de style
classique, dont les temples, les édifices publics et les
demeures privées étaient ornés et dont nous ne connaissons
encore que quelques fragments; — surtout dans les sculptures
sur grès de Blavozy dont la matière indique des travaux sûre-
ment exécutés sur place.

A Rouessio, il y avait non seulement des maçons adroits, experts dans l'*opus quadratum* ou *isodomum* (construction des murs d'appareil), mais on y rencontrait aussi d'habiles tailleurs de pierre, aptes à pousser la moulure d'une corniche, à obtenir une cannelure régulière de colonne, à fouiller un chapiteau, et on devait compter quelques sculpteurs de valeur, lointains précurseurs de Pierre Julien, les auteurs par exemple des scènes bien ordonnées, inspirées par certains reliefs de poteries de luxe, que nous rencontrons sur les frises monumentales, traitées avec une science étonnante des ensembles, dont les architectes de Notre-Dame du Puy ont gardé, sans le vouloir, de la destruction les lignes délicates, les contours charmants et les scènes intéressantes.

Avec Allmer, avec Héron de Villefosse, avec M. Camille Jullian, nous nous inscrivons, en effet, en faux contre les allégations et contre le système de quelques archéologues du xix⁰ siècle tendant à proclamer comme une certitude que les vestiges recueillis au Puy et dans les environs faisaient partie de monuments érigés en ces endroits, et nous pensons que les fragments existant au Puy dans les murs de la Cathédrale et du baptistère Saint-Jean, comme à Polignac sur les murs de l'église ou sur la plateforme du château, y ont été transportés de Rouessio, à une époque qui coïncide sans doute avec les transferts de cippes, de bornes milliaires dans des localités non éloignées de la *via Bolena* qu'ils bordaient : Saint-Geneys, Saint-Vidal, Chazelles, Sanssac, etc.

Ces fragments de bas-reliefs faisaient partie de la décoration des temples de Rouessio ou d'édifices publics de grandes proportions. On a songé aussi avec raison qu'ils pourraient bien avoir appartenu à des tombeaux, mausolées à base carrée, très hauts, à plusieurs étages, sortes de temples avec fronton et acrotères ou piédestaux, abritant au iii⁰ siècle des sarcophages d'un usage très rare jusque là et dont la cuve connue sous le nom de tombeau de Scutarius est un exemple.

Telle était la capitale du Velay, au cours du siècle de la Paix romaine, et tel était le pays vellave lui-même. Cette situation ne devait malheureusement pas durer et nous croyons que le chef-lieu de la *Civitas Vellavorum* parvenue encore à se parer du titre purement honorifique de *libera* et qui dressait alors des statues à Trajan Dèce et à Etruscilla, ne dut pas échapper au désastre de 275-276 qui fit des ruines dans toute l'Aquitaine et marqua tristement une régression vers la Barbarie.

Ce qui nous incite à le penser c'est qu'un grand silence plane sur le pays depuis l'avènement de Dioclétien (284) jusqu'à l'apparition des Goths (412).

Quelques fugitives lueurs, comme la participation à la délivrance de Brioude lors de l'invasion des Bourguignons, éclairent à peine les siècles suivants du déclin de l'empire. Dès 475, les Goths sont les maîtres de notre sol; en 507 commence la domination franque et en 511 l'incorporation dans le royaume d'Austrasie. En 717, Eudes, duc d'Aquitaine, s'en empare, et le Velay partage alors le sort agité de cette province réunie en 877 au domaine royal.

A ce moment, les diverses invasions des Sarrazins (729) et des Normands (864) avaient achevé la déchéance de Rouessio où l'évêque chrétien avait succédé au prêtre impérial. Après ces dernières convulsions, la capitale des Vellaves allait céder complètement son titre et ses prérogatives déjà entamées au *vicus Aniciensis* (Anis = Le Puy); ses palais, ses temples, ses coquettes demeures gisaient dans les décombres des incendies, leurs restes étaient destinés à rester ensevelis dans la poussière ou à être dispersés dans tout le pays, et son nom même était menacé de sombrer dans la mémoire des hommes.

C'est le rôle des chercheurs, des archéologues de soulever le voile étendu sur cette morte et de lui restituer sa physionomie jusqu'à présent restée dans la pénombre. Des fouilles méthodiques doivent remplacer les hasards d'un heureux coup de pioche, exhumer patiemment du sol de nouvelles preuves, servant à l'historien dans son effort de résurrection du Velay gallo-romain. De la lumière jaillira des cendres des siècles révolus et cette lumière révèlera un passé qui a eu son éclat et qui ne saurait manquer de grandeur.

OUVRAGES A CONSULTER

Histoire de l'Académie royale des Inscriptions et Belles-Lettres avec les Mémoires de littérature tirés des registres de cette académie depuis l'année 1752 jusques et y compris l'année 1754. Tome XXV. PP. 143-149. *Mémoire de l'abbé Lebœuf sur les Antiquités du Puy-en-Velay.*

ARNAUD, *Histoire du Velay.* Le Puy, 1815 ; in-8°.

Annales de la Société d'Agriculture, Sciences, Arts et Commerce du Puy. Le Puy, 1822-1914 ; in-8°. *Passim.*

Mémoires de la Société Agricole et Scientifique de la Haute-Loire. Le Puy, 1878-1919 ; in-8°, *Passim.*

Bulletin de la Société Scientifique et Agricole de la Haute-Loire, puis d'Agriculture, Sciences, Arts et Commerce du Puy et de la Haute-Loire. Le Puy, 1911-1912 ; in-8°.

MANGON DE LA LANDE, *Essais historiques sur les antiquités du département de la Haute-Loire.* Saint-Quentin, 1826 ; in-8°.

DERIBIER DE CHEISSAC, *Description statistique du département de la Haute-Loire.* Le Puy, 1824 ; in-8°.

MÉRIMÉE, *Notes d'un voyage en Auvergne et en Limousin.* Paris, 1838 ; in-8°.

DE BEGDELIÈVRE, *Polignac, ses antiquités et le musée du Puy.* Le Puy, 1839 ; in-8°.

GRELLET, *Exposé des diverses opinions émises sur Polignac et ses antiquités.* Le Puy, 1840 ; in-4°.

AYMARD, Notices diverses (1833-1867) *in* Annales de la Société académique du Puy.

CATHARY, *Ruessium et l'antique acropole d'Anis* ou les origines du Puy considérées au point de vue de la géographie, de l'histoire, de la tradition et de l'archéologie. Le Puy, 1859 ; in-8°.

MANDET, *L'ancien Velay,* histoire, archéologie, mœurs, topographie. Moulins, 1846-1850 ; in-folio ; — Le Puy, 1860 ; in-12.

MALÈGUE, *Guide de l'étranger dans la Haute-Loire.* Le Puy, 1866 et 1886 ; in-18.

ROCHER, *Les vieilles histoires de Notre-Dame du Puy.* Appendice : Ruessio ou Revessio. Le Puy, 1890 ; in-8°.

ALLMER, *Recueil des Inscriptions antiques de la province de Languedoc,* in Histoire de Languedoc, ed. Privat, XV, 1892. P. 1139-1157.

MALÈGUE, *Antiquités gallo-romaines de la Haute-Loire.* Descriptions avec carte et gravures. Le Puy, 1894 ; in-8°.

Corpus inscriptionum latinarum... Inscriptiones Aquitaniae et Lugudunensis edidit Otto Hirschfeld, in-4°, 1899. Pp. 212-220.

Revue épigraphique du Midi de la France, Années 1879-80, 1904-05, 1905-06. Paris; in-8°.

Mémoire de Antoine-Alexis Duranson, ingénieur des Ponts et Chaussées, sur le département de la Haute-Loire, publié avec une introduction et des notes par A. Jacotin. Le Puy, 1904; in-8°.

DÉCHELETTE, *Les bas reliefs gallo-romains du Musée et de la Cathédrale du Puy*. Caen, 1905; in-8°.

CHASSAING et JACOTIN, *Dictionnaire topographique de la Haute-Loire*. Paris, 1907; in-4°.

ESPÉRANDIEU, *Recueil général des Bas-reliefs de la Gaule romaine*. II. Aquitaine. Paris, 1908; in-4°. Pp. 419-444.

JULLIAN, *Histoire de la Gaule*. Paris, 1908-1920, in-8°.

LONGNON, *La formation de l'Unité française*. Paris, 1922; in-8°.

ULYSSE ROUCHON, *Rouessio, capitale gallo-romaine des Vellaves*. (Sous presse).

Les reproductions qui suivent sont empruntées au Recueil
général des Bas-Reliefs de la Gaule romaine, *par Emile Espérandieu, correspondant de l'Institut. Elles figurent, dans le
tome II (Aquitaine), aux pp. 421 et suivantes.*

*Ces clichés nous ont été communiqués, sur avis très favorable
de M. le commandant Espérandieu, par le Ministère de l'Instruction publique et des Beaux-Arts. Nous leur avons donné une
distribution nouvelle.*

Ils sont suivis de quelques clichés inédits (Pl. XLIII à XLVI)
extraits de notre essai sur Rouessio, capitale gallo-romaine des
Vellaves, *à paraître.*

LE PUY, IMP. R. MARCHESSOU,
PEYRILLER, ROUCHON ET GAMON, SUCCESSEURS,
23, BOULEVARD CARNOT.

Fragments d'une frise. — Animaux sauvages.
(Abside de N.-D. du Puy.)

Détail de la frise précédente. — Cerf et biche fuyant.

Cerfs et biche fuyant devant un lion, dans une forêt. A gauche, sous le ventre de la biche, un serpent sort du sol et, en un amas de roches et se dresse contre un lionceau qui s'avance vers lui en rampant; devant la biche, sur une branche d'arbuste, un singe est assis, tenant d'une main un objet difficile à préciser, mais qui pourrait dénoter la présence d'un animal en fuite, un écureuil peut-être, que le singe aurait saisi par la queue (Aymard). A droite, le cerf était terrassé par un lion qui le mordait au garrot, et dont il ne reste plus, sur le fragment, qu'une partie de la tête. — Espérandieu.

Détail de la frise précédente. Cerf broutant.

Détail de la frise précédente. — Sanglier. — Lion sur sa proie. — Ours ?»

« Deux scènes distinctes. Au centre, un sanglier se défend contre un animal renversé, peut-être un chien, qui le mord à la hure. Devant lui, un autre animal peu reconnaissable [ours?] paraissant dressé sur ses pattes de derrière et tourné à ganche. Selon Aymard, il s'agirait d'un « carnassier dont les pattes ressemblent à celles d'un lion, et dont la tête a quelques analogie avec celle du griffon ». Au-dessus du sanglier, dans l'une des branches d'un arbre, est un écureuil. A droite du tableau, un lion à demi relevé dévore la croupe d'un équidé qui s'affaisse sous le poids de son agresseur. Deux autres équidés prennent la fuite. Au second plan, les traces d'un arbre. Les deux scènes sont réparées par un troisième arbre, dans les branchages partiellement refaits duquel est un hibou attaqué par trois oiseaux longirostres, peut-être des corbeaux. Il se peut toutefois qu'une tête, qui resterait seule, ne soit pas celle d'un oiseau, mais appartienne à un serpent dont l'arbre cacherait le corps ». Au bas du tableau [au-dessous du sanglier], on croit reconnaître un groupe de rochers ou, peut-être, une plante à grosses feuilles » [Aymard] ». — Espérandieu.

Détail de la frise précédente. Lion sur sa proie.

Détail de la frise précédente. Sanglier dans la forêt.

Détail de la frise précédente. — Chimère trimorphe.

« Chimère trimorphe marchant à droite, vomissant des flammes; le monstre a une tête de chèvre entée sur un corps de lion dont la queue est un serpent. Devant la chimère des rochers; au second plan, un chêne de faible relief. Le côté gauche de la face est resté lisse, ce qui semble indiquer que la pierre se trouvait au commencement de la frise dont elle faisait partie. Cette sculpture est probablement le seul exemple connu d'une chimère en bas-relief ». — ESPÉRANDIEU.

Fragment de frise. — Sanglier sortant d'une caverne
(N.-D. du Puy).

« Sanglier, à gauche, sortant d'une caverne, dans une forêt; derrière lui, un quadrupède peu reconnaissable, à longue queue (mulot?), grimpe sur l'une des parois de la caverne. La partie droite de la face est restée lisse ce qui paraît indiquer que la pierre constituait, de ce même côté, l'extrémité de la frise. » — Espérandieu.

Fragment de frise. — Partie postérieure d'un lion. — Aigle dévorant un lion.
(Musée Crozatier, au Puy).

« A gauche, la partie postérieure d'un lion. A droite, un aigle dévorant un chevreuil (?). Les deux sujets sont séparés par un arbre (chêne ?) dont le tronc offre à sa base une cavité par où se montre la tête d'un petit animal peu reconnaissable, peut-être un mulot ». — Espérandieu.

Fragment de frise. — Griffon et taureau.
(Musée Crozatier).

« Griffon et taureau. Le griffon, dont les ailes sont relevées, paraît tenir dans son bec une corde qui lui entoure le cou et vient aboutir, par l'une de ses extrémités, derrière les cornes et l'oreille gauche seule représentée d'un taureau debout, placé entre ses pattes ». — ESPÉRANDIEU.

Pattes postérieures d'animal.
(Musée Crozatier.)

Fragment de frise. — Scène d'intérieur.
(N.-D. du Puy).

« Deux scènes d'intérieur. A gauche, une femme, assise dans un fauteuil d'osier, est coiffée par une servante ; elle tient sur ses genoux une cassette pleine de bijoux. A droite, un Amour lui présente un miroir à une femme debout drapée ». — ESPÉRANDIEU.

Fragment de frise ou de bas-relief. — Scène de vente de draperie
(N.-D. du Puy).

« Deux scènes de vente séparées par un enroulement (non reproduit) de feuilles d'acanthe entre les plis retombants d'une draperie. A droite quatre personnages en tunique se pressent devant un comptoir derrière lequel était un autre personnage dont il ne reste plus que le bras droit. A gauche, un vendeur étale un vêtement ou une pièce d'étoffe que paraissent examiner un homme et une femme, placés de l'autre côté d'un second comptoir ; l'homme a les deux mains sur un objet posé sur le comptoir ; la femme paraît tenir une bourse ». — Espérandieu.

Fragment de frise. — Ballot de marchandises.
(Musée Crozatier).

« Ballot de forme arrondie, maintenu par six cordes ou courroies qui se coupent à angle droit, et traces mains droites et partie de l'un des bras) de deux personnages qui le portaient. La pierre est complète ; d'autres, par conséquent, lui étaient juxtaposées ». — Espérandieu.

Fragment de caisson. — Biche allongée.
(Musée Crozatier).

Face latérale du précédent caisson. — Personnages faisant des offrandes.

«Sur l'une des faces, qui constituait le dessous du caisson, une biche très allongée, courant à gauche et retournant la tête; au second plan, un arbre. Sur les faces latérales, dans un sens différent, et d'une époque plus ancienne, d'un côté la partie inférieure de deux personnages debout, vêtus d'une tunique courte, déposant une offrande sur un autel décoré de cannelures, derrière lequel est un autre personnage drapé, tenant, peut-être, une patère : de l'autre côté, le pied gauche nu, au-dessus d'un enroulement de feuillage, d'un personnage de très fort relief». — Espérandieu.

Enfant nu courant devant les chevaux.
(N. D. du Puy).

« Enfant nu, courant à droite; derrière lui, la partie antérieure de deux mules ou chevaux paraissant attelés. Au second plan, un arbre dont le tronc est caché par le coureur. Séléné et Phosphorius (?) ». — ESPÉRANDIEU.

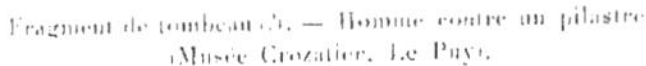

Fragment de tombeau (?). — Homme contre un pilastre.
(Musée Crozatier, Le Puy).

Deuxième face du fragment précédent.
Femme debout contre un pilastre.

« Homme debout, de face, contre un pilastre ; il est vêtu d'une tunique et d'un manteau, a les jambes nues et porte, de la main gauche, une cassette. Sur le côté opposé (non reproduit), un homme et une femme debout ; l'homme paraît tenir un bâton ou une lance.

« Femme debout, de face, vêtue d'une robe longue, contre un pilastre partiellement retaillé. Sur le côté opposé (non reproduit), deux hommes debout dont un (celui de gauche) paraît tenir une lance. Sur le côté droit de la première pierre, et sur le côté gauche de la seconde, un griffon. Il est probable que ces deux pierres, autrefois juxtaposées, ont formé l'une des assises du tombeau de deux époux ». — Espérandieu.

Fragment de bas-relief ou de frise. — Hercule désarmé par les Amours.
(N.-D. du Puy).

« Hercule désarmé par des Amours. Le dieu, barbu et nu, est assis sur un rocher, dans l'attitude du sommeil. Derrière lui, trois Amours ailés et nus s'emparent de sa massue, que deux d'entre eux essaient de charger sur leurs épaules. Derrière lui, un quatrième Amour ailé fait effort pour briser sur son genou un objet peu reconnaissable, peut-être un arc ; un autre petit personnage ailé, dont il ne reste plus que des traces, lui venait en aide. Travail gallo-romain inspiré de l'art grec ». — Espérandieu.

Fragment de frise. — Amours vendangeurs.
Musée Crozatier .

Amours vendangeurs. A droite, l'un des petits personnages, assis sur une corbeille retournée, dans une attitude qui exprime la souffrance, tend, en la tenant des deux mains, sa jambe droite à un camarade qui est agenouillé devant lui et [lui extrait une épine du pied. Deux autres Amours assistent à la scène; l'un d'eux, l'avant-bras droit sur l'épaule droite du tireur d'épine, paraît indiquer du doigt la place où se trouve la blessure. A gauche, un cinquième Amour, remplissant une corbeille de raisins, se retourne et converse avec un autre vendangeur dont il est séparé par des corbeilles vides. Sur la face latérale droite est encore un Amour marchant à gauche; le reste de la sculpture a disparu. Tous les personnages sont ailés et nus ». — ESPÉRANDIEU.

Détail du fragment précédent.

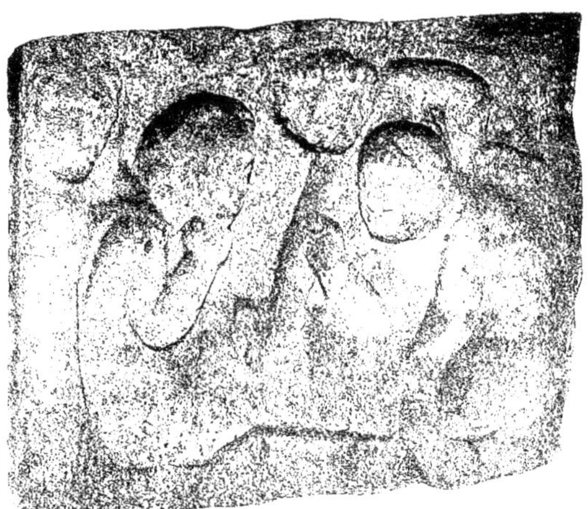

Fragment de frise. — Enfants jouant aux latroncules
Musée Crozatier.

Amours ailés jouent aux latroncules. Deux de ces Amours se font face et tiennent sur leurs genoux une planchette, a queues d'aronde, percée de trous dans plusieurs desquels sont engagées des chevilles du jeu; d'autres chevilles déjà gagnées se trouvent dans chacune des queues d'aronde. La planchette paraît percée de six rangées de cinq trous. Un troisième Amour, debout au second plan, indique du doigt le coup à jouer; un quatrième également debout, assiste à la scène. — ESPÉRANDIEU.

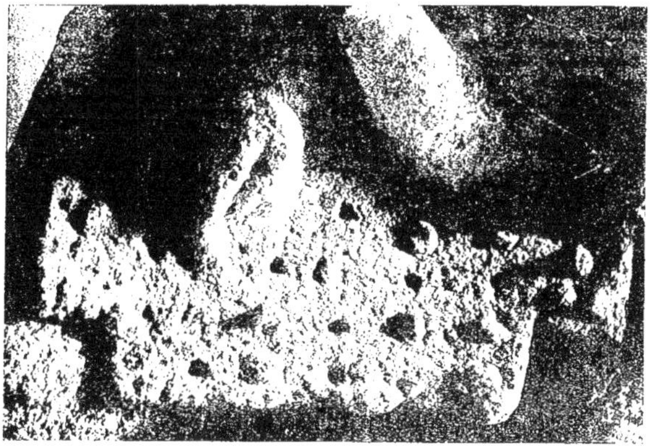

Détail du fragment précédent. — La planchette aux latomenles.

Fragments sculptés de provenance diverse. — Amour ailé. — Griffon.
Hôtel de Champeaux, Prévôté de N.-D. du Puy.

Sur l'un des fragments, on voit sur le bas-relief dessous de tout le [...] un Amour ailé, agenouillé, buvant à un vase qu'il tient des deux mains devant lui [...] et flanqué par une fleur à quatre pétales. Sur l'autre fragment, qui est sans aucun rapport avec le premier dont la partie antérieure d'un griffon et l'une des volutes d'une décoration peu reconnaissable [...]. — Estrangin.

Fragment de tombeau. — Amour ailé tenant l'extrémité d'une draperie.
(Cour de l'Hôtel de l'ancienne Prévôté de N.-D. du Puy.

Fragment de tombeau. — Repas funéraire
(Clocher de N. D. du Puy).

« Repas funéraire. La scène se passe dans une chambre dont le fond est tapissé d'une draperie ; au premier plan, devant un *triclinium* sur lequel sont à demi-couchés deux personnages, un chien assis, levant la tête. A droite, un serviteur debout, vêtu d'une tunique courte, donne à manger à un cerf apprivoisé ». — ESPÉRANDIEU.

Fragment de tombeau. — Amour ailé soutenant un cartouche.
(Hôtel de l'ancienne Prévôté de N.-D. du Puy).

Fragment de tombeau. — Buste de femme dans un médaillon
soutenu par des amours ailés.
(Hôtel de l'ancienne Prévôté de N.-D. du Puy).

Sarcophage gallo-romain dit Tombeau de Scutarius.
(Musée Crozatier).

« Les angles de ce sarcophage, à partir d'une sorte de corniche, sont formés par des balustres, auxquels vient aboutir, sur chaque face latérale, l'une des extrémités d'une guirlande à ténies flottantes, dont l'autre extrémité est fixée à un clou central. La partie antérieure de la cuve n'a pour toute décoration qu'un clou du même genre, dont la tête à la forme d'une rose à quatorze pétales. Au-dessous de ce clou est l'inscription médiévale : *Sepulchrum sancti beatissimi Scutarii huius urbis episcopi* ». — ESPÉRANDIEU.

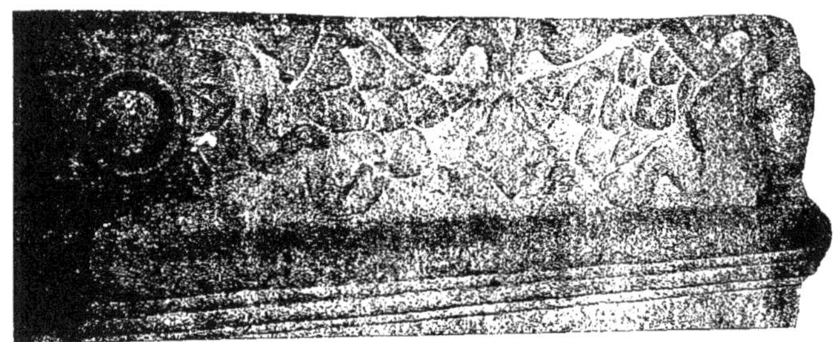

Sarcophage dit tombeau de Scutarius. — Détail de la décoration.

Source minérale de Margeaix. — Amour pêcheur.
(Musée Crozatier.)

« Amours pêcheurs. L'un d'eux, ailé, couronné de fleurs, complètement nu, assis, les jambes croisées, sur un piédestal demi-circulaire, tient, de la main droite, la courroie d'une sorte de petit panier (boîte à appâts) dont le couvercle est soulevé; à sa droite, contre le piédestal, une gibecière. Ces accessoires sont ceux d'un pêcheur à la ligne; il est probable que le petit personnage avait, dans la main droite, une canne à pêche.

« L'autre Amour est en bas relief, mais presque de ronde bosse. Il est debout, ailé et nu, comme le précédent, et s'apprête à lancer un filet de pêcheur dont on aperçoit l'extrémité sur son épaule gauche. Le bas des jambes fait défaut; la tête, détachée du tronc, a quelque peu souffert. Il existe, au Musée du Puy, la partie supérieure d'un deuxième Amour assis, couronné de fruits.

« Le dauphin, qu'aucun trou ne traverse, était destiné à être placé debout; une autre figure est pareille à celle qui est ici reproduite. Toutes ces sculptures proviennent, je crois, d'une même fontaine dont elles ont dû servir à décorer la vasque ». — ESPÉRANDIEU.

Source minérale de Margeaix. — Amour pêcheur.
(Musée Crozatier).

Source minérale de Margeaix. — Dauphin.
(Musée Crozatier).

Fragment de frise. — Scène de chasse.

(Musée Crozatier. — Provient d'une villa gallo-romaine construite à la Dreit près Espaly).

« Départ pour la chasse. En tête, dans une forêt, s'avance vers la gauche, un serviteur vêtu d'une tunique courte chaussé, tenant en laisse un cerf apprivoisé, que précède une biche cherchant à brouter. Derrière ce serviteur viennent deux chasseurs vêtus d'une tunique longue et chaussés. L'un est au second plan et peu visible ; l'autre porte sous le bras une arbalète, l'arc en avant, et presse, du même bras, un carquois apparemment supporté par une courroie passée en sautoir. A côté du personnage est un chien à poil ras, qui se retourne. Sculpture assez soignée paraissant du 1er siècle ». — ESPÉRANDIEU.

Détail du fragment précédent.

Fragment de monument. — Scènes cynégétiques.
(Musée Crozatier. — Provient du Pontempeyrat.)

« Sur la face principale, un Amour, dont le vêtement flottant découvre le bas du torse et les jambes, marche vers la droite et porte un lièvre au bout d'un bâton qu'il appuie sur son épaule gauche. Sur la face latérale droite, à gauche d'un pilastre décoré de volutes de feuillage, un autre Amour porte sur ses épaules un animal peu reconnaissable, peut-être un chevreuil. La face latérale gauche est décorée de feuilles d'acanthe. La quatrième face est lisse ». — Espérandieu.

Cippe à sujet et à inscription.
(Musée Crozatier. — Provient de Ceyssac-la-Roche.)

Sur la face principale, une inscription très effacée, qui, d'après certains mots, paraît versifiée. Sur la face latérale droite, un laboureur parcourant un champ sillonné ; il tient, de la main gauche, le manche d'un araire dont le soc a la forme d'une fourche ; de l'autre main, un aiguillon. L'arbre de l'araire et les bœufs de l'attelage ne sont pas figurés. La pierre a été retaillée au-dessus du bas-relief ; l'opération a fait disparaître deux personnages dont il reste la trace des pieds. On a de plus essayé de débiter cette pierre en deux morceaux et creusé, dans ce dessein, une rigole verticale, du côté de l'inscription ». — Espérandieu.

Détail du cippe précédent. — Cultivateur au labour.

Bouche de fontaine dite Masque d'Apollon.
(Château de Polignac.)

« Ce masque barbu, qui paraît provenir d'une fontaine, est insignifiant par lui-
même ; il doit sa célébrité, très grande dans le Velay, aux fantastiques histoires qui
s'y rattachent et aux articles de polémique violente qu'il a suscités vers le milieu du
dernier siècle. Du côté gauche, une boucle de cheveux, percée à jour, produit l'effet
d'une corne ». — Espérandieu.

Stèle. — Buste de femme : Julia Marullina.
(Musée Crozatier. — Provient de Polignac).

Fragment supérieur de cippe. — Buste de jeune femme.
(Musée Crozatier — Provient de Beaulieu).

Cippe.
(Musée Crozatier. — Provient de Solignac).

« En haut, des armes de chasse : arbalète, carquois fermé, coutelas dans sa gaine ; au dessous, un chien assis, à gauche, attaché par une corde passée dans son collier à un arbre placé derrière lui. Il ne reste plus que quelques lettres de l'inscription gravée sur ce cippe ». — ESPÉRANDIEU.

Fragment de stèle. — Homme barbu.
(Église de Saint-Paulien).

Monument funéraire. — La " peyra dous tres virs ",
(Saint-Paulien).

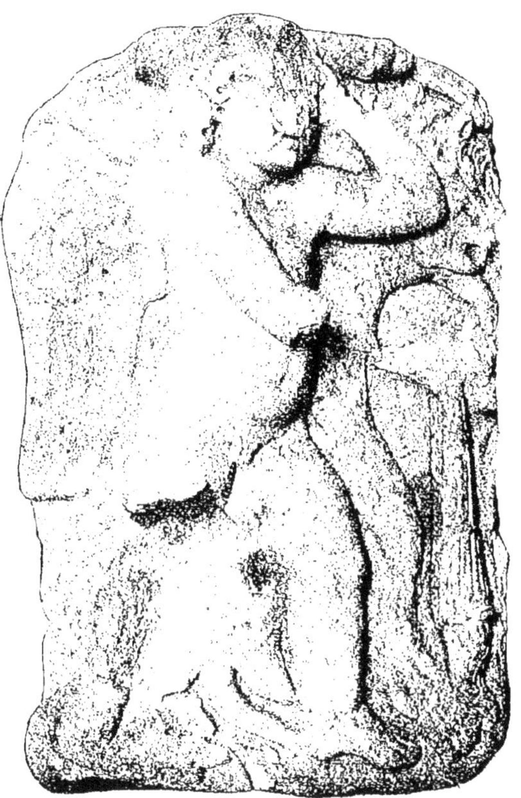

Eros endormi, marbre.
(Musée Crozatier. — Provient de Saint-Paulien).

Fragment de mosaïque.
(Musée Crozatier. — Provient de Saint-Paulien.

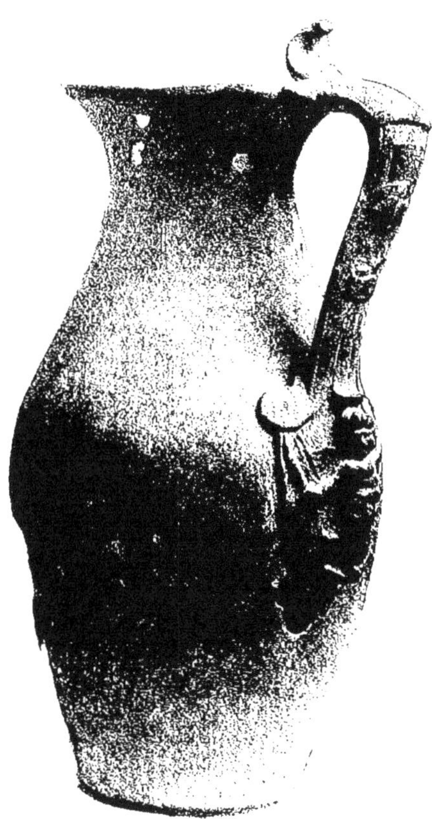

Vase de bronze.
(Musée Crozatier. — Provient de Saint-Paulien).

Vases en terre.
(Musée Crozatier. — Proviennent de Saint-Paulien).